HISTOIRE

DU
DROIT ROMAIN,

OV

Il est traitté de son origine, de son progrés, de sa décadence, de son rétablissement, de sa perfection, & de son autorité : Et par occasion des Vies en abbregé des Iurisconsultes Anciens & Modernes.

Par Me P. T. Avocat en Parlement.

A PARIS,

Chez HELIE JOSSET, ruë S. Jacques, à la Fleur-de-Lys d'or.

M. DC. LXXVIII.

Avec Privilege du Roy.

A

MONSEIGNEVR,

MONSEIGNEVR
l'Illuſtriſſime & Reverendiſſime
JACQUES BENIGNE
BOSSVET,
EVESQUE DE CONDOM,
Conſeiller du Roy en ſes Conſeils, & Précepteur de Monſei-
gneur le Dauphin.

ONSEIGNEVR,

Les Hiſtoires du Droit Cano-
nique & du Droit François, qui

ont paru en public depuis quelque temps, m'ont donné occasion
de travailler à celle du Droit
Romain, qui est la source de l'un
& de l'autre. C'est dans cette
source de toutes les bonnes Loix
que chacun trouve les regles de
son devoir : les sujets y appren-
nent à obeïr avec soûmission, &
les Souverains à commander
avec justice : & si Monseigneur le Dauphin qui est desti-
né à regir les Nations, & à qui
vous inspirez l'ardeur d'une
gloire solide & immortelle,
prend par hazard la peine de
jetter les yeux sur cette Histoire,
il y pourra voir par quel moyen
l'Empereur Iustinien s'est acquis

un si grand nom , & quel a été
son secret pour regner plus d'on-
ze cens années aprés sa mort sur
des peuples qui n'ont jamais été
ses Sujets. En quoy certes sa do-
mination est veritablement glo-
rieuse , puisque l'autorité n'y a
point de part , & qu'on n'obser-
ve ses Loix qu'à cause de l'équité qui les soûtient , & qui les
rend recommendables. Ainsi par
la voye de la Iustice comme par
celle des armes , le Roy est arrivé à ce haut degré de gloire , où
nôtre imagination ne peut presque atteindre ; à la verité sa va-
leur le rend redoutable , mais sa
justice luy attire l'amour & la
veneration de tout le monde.

Ainſi, MONSEIGNEUR, par la juſtice & par la droiture de vôtre conduite auſſi bien que par vos grandes lumieres, vous eſtes parvenu à une des plus hautes dignitez de l'Egliſe ; & ſi vous n'en avez pas conſervé les avantages, ie veux dire ce qu'elle peut avoir du côté de la terre ; ça eſté dans la veuë d'appliquer, comme vous faites avec tant de ſuccez, tous vos ſoins à cultiver & à perfectionner ce noble genie, qui a eſté confié à vôtre ſageſſe & à vôtre habileté ; ça eſté dans la vuë de vous attacher entierement à rendre cet illuſtre & incomparable Diſciple, un des plus éclairez Princes du

monde, comme les exemples de
son Pere, le rendront sans doute
un des plus iustes & des plus
vaillans. Pour moy, MONSEI-
GNEUR, ie mets avec ioye sous
vôtre protection ce petit Ouvrage, puisqu'on ne peut pas manquer d'en faire quelque estime, le
voyant honnoré de vôtre Nom,
qui est le meilleur Bouclier qu'on
puisse opposer aux traits de la
censure ; on est mesme asseuré
de l'approbation generale, lors
qu'on peut acquerir la vôtre,
quoy-que i'avouë qu'il soit difficile de la meriter. Au reste,
si on ne loüe pas mon travail,
on approuvera du moins le choix
que i'ay fait d'un si habile &

ã iiij

ſi puiſſant Patron, & ſur tout
on applaudira à la profeſſion
publique & particuliere que ie
fais d'eſtre toute ma vie avec
une extréme veneration,

MONSEIGNEUR,

Vôtre tres-humble, & tres-obeïſſant
ſerviteur, T . . . .

AVERTISSEMENT.

I dans cette Histoi-
re je n'ay pas toû-
jours marqué affir-
mativement & precisément
les époques, ce n'est pas que
j'aye negligé de m'en éclair-
cir:car je puis dire avec verité
qu'il est assez difficile d'y ap-
porter plus de soin que j'ay
fait : mais aprés avoir vû sur
cette matiere la plufpart des
meilleurs Historiens & Chro-
nologistes anciens & modernes, & autres bons Auteurs,
comme Denis d'Halicarnasse,

Ciceron, Tite Live, Tacite, Quintilien, Aule-gelle, Bernardinus Rutilius, Valentinus Forsterus, Paulus Manutius, Jacobus Labittus , Cujas, Iule Ioseph de l'Escale , Papyrius Masso, Scevole de sainte-Marthe , Arthurus Duck, Sethus Calvisius, Christophorus Helvicus , & quelques autres : & aprés avoir observé qu'ils ne font pas d'accord en certains endroits ; j'ay crû ne devoir pas asseurer positivement ce qu'ils n'asseurent pas eux-mesmes. C'est par cette raison que j'ay usé quelquefois en fait de Chronologie du mot (environ) pour marquer à peu prés l'ordre du temps , & il me semble que je ne me suis gueres éloigné de la verité des choses que j'avance : ceux qui ont lû , ou qui liront ces Auteurs le connoîtront aisément.

Ie n'ay pas mis en François les noms de la plus grande partie des Iurisconsultes Romains dont je fais mention, parce qu'il y en a plusieurs qui auroient fait un tres-méchant effet en nostre langue : l'usage ne les ayant pas receus , comme *Papyrius , Appius , Claudius , Sempronius , Gaius , Scipio Nasica , Quintus Ollucius , Coruncanius , Pu-*

blius Ælius , Publius At-
tilius , Brutus , Publ. Rutilius,
Rufus , Quintus Tubero , Cæ-
lius , Antipater , Lucius Craf-
fus , &c. & afin d'éviter un
certain mélange defagreable
de noms propres , Latins &
François, je n'en ay pas même traduit quelques-uns que
j'aurois pû traduire facilement , mais feulement ceux
qu'un ufage general m'a obli-
gé de traduire.

HISTOIRE

HISTOIRE
DU
DROIT ROMAIN.

Où il est traité de son origine, de son progrés, de sa decadence, de son rétablissement, de sa perfection, & de son autorité; & par occasion des Vies en abbregé des Iurisconsultes anciens & modernes.

L E Droit Romain a commencé sous le regne de Romulus fondateur de Rome. Ce Roy voyant que le

L'an du monde. 3193. *Sethus Calvis. in Chronolog. verbo usias.*

A

peuple vivoit sans aucunes loix certaines, en fit quelques-unes touchant le droit Divin, les Magistrats, les mariages, l'éducation des enfans, le droit des parens, & autres choses necessaires à l'établissement d'un état qui devoit étre un jour le plus fleurissant, & le maître de tous les autres états du monde. On nomma ces loix *Curiatæ*, parce qu'il divisa le peuple Romain en trente parties, qu'il appella *Curiæ*, & que ces mêmes loix se faisoient du consentement & dans l'assemblée generale du peuple. Les autres rois ses successeurs, firent aussi des loix à son exemple pendant leur regne, qui dura 244. ans.

Sextus Papyrius les ayant

Anton. August. de legibus. c. 8.

Environ l'ã 245.

recueillies, on nomma le recueil qu'il en fit, le Droit civil Papyrien ; & les Romains s'eſtant dégagez de la puiſſance royale, à laquelle ils ne pouvoient s'aſſujettir, les abolirent bien-tôt par l'autorité de la Loy *Tribunitia*, de maniere qu'il ne s'en trouve pas une dans les livres du Droit Romain.

Aprés l'expulſion des Rois, il s'éleva une conteſtation entre les Praticiens & les Plebeïens au ſujet de l'ordre de la Police ; les uns ſoûtenoient qu'il étoit plus avantageux de vivre ſous l'autorité des Magiſtrats ; les autres ſous celle des Loix. Dans cette diverſité d'opinions, le peuple Romain ſuivit long-temps des coûtumes particulieres : mais com-

L'an de
Rome
Dionyf.
Hali-
carn.
Antiqu.
Rom.
lib. 2.

me le droit de ces coûtumes étoit plus incertain que celuy des Loix, on choifit dix hommes confiderables & habiles pour recueillir parmi les Loix de Grece, celles qui étoient les plus propres & les plus convenables à l'état de Rome ; on fit graver fur des tables d'yvoire les Loix qu'ils approuverent : on expofa ces mêmes Tables fur la Tribune aux harangues, afin qu'elles fuffent en vuë à tout le monde : & parce qu'on donna pendant la premiere année à ces dix hommes, qui furent nommez Decemvirs, un plein pouvoir de corriger & d'interpreter ces Loix s'ils le jugeoient neceffaire ; ces Legiflateurs ayant reconnû qu'il y manquoit quelque chofe, y ajoûtérent deux nouvelles Tables l'année suivante, & on nomma toutes ces loix, les Loix des douze Tables.

Ensuite les disputes du Barreau sur le veritable sens des Loix, obligerent à recourir aux Jurisconsultes pour les interpreter ; & l'interpretation qu'ils en firent publiquement, fut tellement approuvée dans l'usage, qu'on la nomma Droit Civil.

On fit de ces Loix des 12 Tables presque en même-téps les actions qui servirent à former avec ordre les contestations qui arrivoient ; & afin que chacun n'introduisît pas des actions à sa mode, on en fixa le nombre, & on y attacha des formalitez certaines & invariables ; & on appella cet-

A iij

L'an de Rome environ 305.
Idem ib. lib. 10.

te partie du Droit, les actions de la Loy. Le peuple vécut ainsi jusques à ce que Gneus Flavius qui s'étoit saisi du livre d'Appius Claudius, sur le sujet des actions, le donna au peuple ; ce livre fut nommé le Droit civil Flavien; & comme il y manquoit encore certaines especes d'actions, Sextus Ælius composa peu de temps aprés d'autres actions, & il donna au peuple son livre , qui fut appellé Droit Ælien.

L'an de Rome 306. *Idem ib. lib.* 11. La Loy des 12 Tables , le droit Civil , & les actions de la Loy ayant été établies dans Rome, la populace se des-ü-nit d'avec le Senat, & se retira sur le mont Aventin. Alors elle se fit des loix particulieres , qu'on appella Plebifcites ; & s'étant réünie bien-tôt aprés, la Loy Hortenfia enjoignit d'obferver ces Plebifcites comme les autres loix ; ce qui fut executé.

Les Senatus-confultes fuccederent aux Plebifcites, la Populace ayant tranfmis au Senat le pouvoir qu'elle avoit de faire des Loix.

Dans le méme temps les edits des Préteursfurent propofés & fuivis ; on les nomma le Droit honoraire, d'autant que les Magiftrats qui avoient donné naiffance & autorité à ce Droit, tenoient un rang fort honorable dans la Republique. Ces Edits qui n'étoient qu'annuels , parce que les Préteurs n'étoient établis que pour un an , ayant été mis en un corps, on ap-

L'an de Rome 387. *Forfter. lib. 1.hift. Iur.c.26.*

*l. 3. graca
§. 18. &
ead. lati-
na. §. Si
verò po-
stea eod.
de vet.
jur. enud.
& l. pen
cod. de
condict.
indeb.*

pella ce corps, l'Edit perpetuel ; le Jurisconsulte Julien
le composa long temps aprés
par le commandement de
l'Empereur Adrien qui l'ap-
prouva, & qui voulut que
ce recüeil d'Edits servît de
Loy à perpetuité.

*l. 1. ff. de
constit.
princ. &
inst. de
jure nat.
§. sed &
quod prin
cipi.*

L'Etat de Rome ayant
changé par les differentes factions, & la necessité des affaires desirant que la Republique fût gouvernée par un
seul, l'autorité du Senat passa en vertu de la Loy Royale en la personne de l'Empereur, le Peuple luy ayant
transmis le pouvoir qu'il a-
voit de faire des loix. En effet, tout ce que les Empereurs ordonnerent, s'appella
Constitutions des Princes,
& elles eurent force de Loix.

Ces Conſtitutions s'augmen-
terent & ſe multiplierent
preſque à l'infini durant cinq
cens ans, c'eſt à dire, depuis
Auguſte juſques à Juſtinien,
& elles furent ramenées &
reduites en deux Codes ſous
Diocletien par Gregoire &
Hermogenes, hommes pri-
vez. Ces Codes qui furent
nommés Gregorien & Her-
mogenien. Contiennent les
Conſtitutions des Empereurs
depuis Adrien juſqu'à Conſtantin. L'Empereur Theodo-
ſe le jeune en ajoûta un troi-
ſiéme qui enferme toutes les
Conſtitutions des Empereurs
ſuivans, depuis Conſtantin
juſqu'à luy. Il chargea de la
compoſition de cet ouvrage
les plus habiles hommes de
ſon temps, Antiochus, Ma-

Environ
l'an de
I. Chr.
290. *Cuſ-
pin. in
ccmnent.
verbo
Diocle-
tianus &
Duck. de
auth. iur.
civ. lib. 1.
c. 3.*

L'an de
I. Chr.
435.
*Theodoſ.
Florentio
præfect.
prat. de
authorit.
cod.
Theod.*

ximinus, Martyrius, Speran-
tius , Apollodore , Theodo-
re , Epigene, & Procope, qui
d'ailleurs étoient de grands
perſonnages , comme il le
témoigne luy-même : mais
Id. ibid. les Conſtitutions contenuës
dans ces Codes s'accordoient
ſi peu entr'elles , & il y en
avoit de ſi fort inutiles, qu'on
eut beſoin de Juſtinien pour
remedier à ces inconveniens.

Il y a encore les réponſes
des Juriſconſultes ſous les
Empereurs qui vinrent aprés
Auguſte : car avant luy les
Juriſconſultes répondoient
ſans aucune autorité publique , aux queſtions qui leur
étoient propoſées. Depuis
cet Empereur, à commencer
ſous le regne de Tibere,ceux-
là ſeulement répondoient du

droit à qui le Prince en avoit donné la permiſſion, & leurs réponſes qui ſervoient de deciſions dans les affaires, font encore aujourd'huy partie du Droit écrit. Il reſte fort peu de choſes des écrits des premiers Juriſconſultes pendant la Republique Romaine.

Ce ſont ces Juriſconſultes, ſur tout les derniers, qui ont fondé le Droit civil par leurs réponſes & par leurs écrits. Ces peres de la Juriſprudence étoient de grands hommes, qui dans tous les temps ont rempli les premieres charges, & ont eu les plus important emplois de l'empire Romain ; & comme il eſt juſte de leur donner place dans cette Hiſtoire, puis qu'ils ont travaillé à la perfection du

Droit Romain; je les rappor-
teray dans le même ordre que
Pomponius en la Loy secon-
de au Digeste de l'origine du
Droit, croyant ne pouvoir
me proposer un meilleur mo-
dele.

Lib.2. ff.
de orig.
Iur.

Nous n'apprenons pas que
de tous ceux qui ont sçeu le
Droit, il s'en trouve un seul
avant Coruncanius, qui
l'ayent enseigné publiquement; les autres avant luy le
tenoient caché, & ils ai-
moient mieux répondre en
particulier aux questions qui
leur étoient proposées, &
en donner leur avis, que de
l'enseigner à ceux qui desi-
roient de l'apprendre

Forster.
Hist.jur.
civ.lib.2.
c. 2.

Publius Papyrius, qui fut
le premier des Romains habile en Droit, & qui fit un Co-

de des Loix Royales qu'il avoit ramaſſées , fut creé le premier, Roy des Sacrifices.

Appius Claudius , l'un des Decévirs, vint aprés lui : il fut employé à la compoſition des Loix des 12 Tables : on eut beaucoup d'égard à ſon ſentiment , & il eut la meilleure part à ce grand ouvrage ; & comme ſi l'habilité eût été hereditaire dans ſa famille , un autre Appius Claudius fort habile Juriſconſulte ſurnommé Centimanus , qui étoit de la race de celui-là, & qu'on croit avoir été ſon arriere-petit-fils , luy ſucceda. C'étoit un homme capable de cent emplois : il exerça la charge de Cenſeur , ce fut luy qui fit faire la voïe Appienne qu'on voit encore aujourd'huy ; il fit paſſer les eaux Claudianes par la ville; il conſeilla fort judicieuſement de ne pas ſouffrir que Pyrrhus entrât dans Rome.

Id. ibid.
c. 5.
Aprés qu'il eût été cinq ans Cenſeur, on luy defera une autorité pareille à celle des Rois, en attendant qu'on ût creé un Conſul ; enſuite il fut Conſul, Préteur, General d'armée contre les Samnites, les Hetrurient, les Gaulois, & les Umbres.

Id. ib.
c. 7.
Il fut ſuivi de Sempronius, qui étoit iſſu des anciens Patrices de Rome : celui-cy ſçavoit parfaitement la Juriſprudence : le peuple Romain le nomma *le Sage*, il fut Tribun du peuple, Conſul, Pontife, Cenſeur, Préteur, & General d'Armée : il s'acqui-

ta de toutes ces charges avec beaucoup d'honneur.

Gaius Scipio Nafica , qui étoit de l'illuftre maifon des Corneliës, n'acquit pas moins de gloire ; il fut furnommé le Tres-Bon par le Senat , qui le logea dans la ruë Sacrée, en une maifon du public, afin de pouvoir le confulter avec plus de facilité. Il remplit fort dignement la Préture & le Confulat , il remporta plu-fieurs victoires fignalées ; & aprés qu'il eût vaincu & dé-fait les Royens en bataille rangée , on luy decerna le Triomphe.

Quintus Mucius vint en-fuite; il n'étoit pas feulement un habile Jurifconfulte, mais auffi un hôme d'état & grand politique. C'étoit celuy qui

Id. ib. c. 15.

ayant été envoyé en qualité d'Ambaſſadeur à Cartage, avec deux Tables ou marques, l'une de paix, l'autre de guerre, & pouvant offrir laquelle des deux il voudroit (car on l'en avoit rendu le maître) il les rapporta l'une & l'autre à Rome, diſant que c'étoit aux Cartaginois de demander celle qu'ils aimoient le mieux.

Livius lib. 18. & Cicero de legib. lib. 2. Coruncanius, dont j'ay parlé, vint aprés ces Juriſconſultes; il ne nous en reſte pourtant aucuns écrits, quoy-qu'il ait fait pluſieurs réponſes memorables. Il fut le premier de la populace qui fut creé ſouverain Pontife: il fut Cenſeur & Dictateur; & il avoit *Id. lib. 3. de orat.* tant de prudence, qu'on ſuivoit ſon ſentiment dans les matieres

matieres les plus importantes du Droit divin & humain.

Sextus Ælius, Publius Ælius, & Publius Attilius le suivirent. C'étoient de fort habiles gens : les deux Ælius furent Consuls, & Attilius fut surnommé *le Pruden*. Il étoit de la race de cet illustre Attilius Regulus, qui aima mieux s'abandonner à la cruauté de ses ennemis, & mourir dans les tourmens, que de manquer à la parole qu'il leur avoit dōnée. Sextus Ælius avoit été Edile avant que d'étre Consul : ensuite & peu de temps aprés son Consulat, il fut fait Censeur. Ciceron fait mention de celui cy : il est auteur d'un livre nommé le Triparti. Ce livre contient les élemens du Droit, on l'appelle

Forster. lib. 2. cap. 14.

Idem ib. cap. 12.

Cicer. lib. 1. Tuscul. quæst.

B

le Droit Ælien ; il l'a intitulé Triparti, parce qu'il eſt compoſé de la Loy des 12 Tables, de l'interpretation des Juriſconſultes, & des actions de la Loy. Pluſieurs croyent qu'il a fait encore trois autres livres : mais d'autres diſét qu'ils ne ſont pas de luy.

Plutarch.
in cenſor.

Caton fut ſectateur des Ælius & d'Attilius en quelque choſe ; & auſſi Marc-Caton, chef de la race Porcienne qui a fait quelques livres de Droit : mais nous en avons de ſon fils en plus grand nombre. Pomponius ne parle qu'en paſſant de Caton le Cenſeur & de Caton d'Utique, parce que l'étude de la Juriſprudence n'étoit pas leur principale occupation, & à ſon exemple je m'abſtiendray d'en parler. Mais quoy-qu'il ne s'arreste gueres d'avantage au fils de Caton le Censeur, je croy devoir dire avec Aule-Gelle qu'il fut designé Préteur, & qu'il posseda parfaitement la science du Droit, c'est peut-étre celuy dont parle Paulus en la Loy 4. §. *Cato. ff. de verborum obligationibus.* Il a fait, au rapport de Ciceron, plusieurs bons livres de Droit ; on tient qu'il est Auteur de la regle Catonienne, & des stipulations dividuës & individuës, dont il y a des titres particuliers dans le Digeste. Aprés ceux-là on vit paroître Publius Mucius, Brutus, & Manilius ; ils ont extrémement contribué à établir le droit Civil.

Publius Mucius, descen-

Gell. lib. 13. c. 18. Forst. lib. 2. c. 19.

Cicero in oratore.

Forst. lib 2. c. 24.

du de ce fameux Mucius
Scevola , dont tant d'Historiens font mention , en a
composé dix volumes. Bru-
tus, qui n'est pas moins recom-
mandable soit par ses ayeuls,
soit par luy-même , en a fait
sept, & Manilius trois. Mucius & Manilius avoient été
Consuls , & Brutus Préteur :
le même Mucius fut Souve-
rain Pontife. Ciceron voulant définir le Jurisconsulte,
dit ; Si l'on me demandoit qui
est celuy qu'on appelle à juste
titre Jurisconsulte , je répon-
drois que c'est celuy qui a une
parfaite cõnoissance des Loix,
& de la Coûtume qui s'ob-
sevent dans le lieu où il pro-
fesse le Droit, & qui sçait les
mettre en pratique ; & s'il
m'en falloit donner des exem-

Cicero in
Bruto,
seu de
clar. orat.

ples , je nommerois Sextus
Ælius , Marcus Manilius , &
Publius Mucius. Ils eurent
pour successeurs & pour dé-
cendans Publius Rutilius,
Rufus , Paulus Virginius,
Quintus Tubero, Sextus Pom-
peius , Cœlius Antipater , &
Lucius Crassus.

Publius Rutilius Rufus fut
Tribun du peuple , Consul à
Rome , & Proconsul d'Asie;
ses ancestres avoient exercé
les charges de Censeur & de
Consul : Ciceron le louë sur
tout d'une grande integrité
& d'une penetration particuliere dans la science du Droit.
Auguste estimoit fort les
raisons de Rutilius. On ne
sçait rien de sa vie, & il ne
reste rien des écrits de Paulus
Virginius, que Pōponius com-

Forst. lib.
2. c. 27.

Cic. lib. 1.
de orat.
& lib. 2.
offic.

Sueton.
in Aug.

pte parmi les Jurisconsultes ;
on sçait seulement que la famille des Virginius étoit tres-
ancienne , & de l'ordre des
Patrices.

Quintus Tubero étoit Stoï-
cien , & Auditeur de Pansa,
qui fut Consul ; il étoit bon
Jurisconsulte. Sextus Pom-
peius étoit oncle paternel du
grand Pompée ; il fut non
seulement tres - habile en
Droit , mais en Geometrie,
& en la science des Stoï-
ciens.

Cœlius Antipater s'atta-
cha plus à l'Eloquence qu'au
Droit , il ne laissa pourtant
pas d'étre un fort habile Jurisconsulte au rapport de Ciceron. Quintilien dit qu'il
avoit beaucoup d'esprit , que
son discours étoit grave , pur,

Rutil. in Virgin.

Idem in Sexto Pompeio.

Cicer. in Bruto. Quintil. Instit. orat. lib. 10. cap. 1. & 2.

châtié, agreable, & fort ani-
mé, & que quelques-uns le
preferoient à tous les autres
écrivains de son temps.

Lucius Crassus frere de
Publ. Mucius fut un tres-ha-
bile homme ; Ciceron dit que
Crassus étoit le plus disert des
Jurisconsultes, on le surnom-
ma Mucianus, parce qu'il fut
adopté dans la famille des
Muciens, d'où vient que Ciceron l'appelle frere de Scevola : il fut Questeur, Edile,
& (ce qui étoit fort rare) il
unit en sa personne la dignité de Consul & de Souverain
Pontife en même-temps.

Quintus Mucius Scevola,
fils de Publius vint aprés eux ;
il fut Tribun du peuple, Consul & Souverain Pontife. Les
peuples d'Asie en reconnois-

*Lib. 1.
offic. &
lib. 1. de
orat.*

*Idem in
Bruto.
Forst. lib.
2 c. 25.*

*Idem ib.
c. 33.*

fance des bons traitemens qu'ils avoient receus de Mucius pendant qu'il étoit Proconful en leur païs, établirent une Fête qu'ils appellerent *Mucia* de fon nom. Il étoit tres-éloquent, & le plus habile de tous les Iurifconfultes, au fentiment de Ciceron ; il avoit fur tous autres le talent de dire bien des chofes en peu de mots, & de ne fe pas éloigner de fon fujet. Il fçavoit parfaitement le droit Divin & humain ; Il avoit bien de l'enjouëment : fon difcours étoit plein de graces & de fleurs meflées, avec beaucoup de folidité : Il fut le premier qui redigea le Droit civil en un corps compofé de dix-huit livres : il nous refte encore plufieurs

de

Cic. in Bruto, & lib. i. de orat.

de ses écrits. Il eut un grand nombre d'auditeurs, dont les plus considerables furent Aquilius Gallus, Balbus Lucilius, Sextus Papyrius, Gaïus Iuventius.

Aquilius Gallus fut celuy de tous qui eut le plus d'autorité parmi le peuple : il fut Tribun : il exerça l'office de Préteur avec Ciceron dont il étoit intime ami, comme le témoigne en divers endroits Ciceron même, qui luy donne de grands éloges, disant que non seulemét il étoit un treshabile Iurisconsulte, mais aussi un tres-honnête homme. Il étoit Chevalier Romain, d'une famille noble, & il avoit eu des ayeuls Consuls, Tribuns, & Ambassadeurs : souvent les Préteurs le nõmoient

Forst. ib. c. 34.

Cic. in oratore, in Topicis, & in orat. pro Cluen.

Idem Clar. de orat. Valer. lib 8. c. 2.

C

Iuge en dernier reſſort dans les cauſes des particuliers, & on faiſoit beaucoup d'état de ſon ſuffrage dans l'établiſſe-ment des Loix. Il eſt auteur de la Loy Aquilia, il a reglé la maniere dont on doit inſti-tuer heritiers les poſthumes en la Loy Gallus au Digeſte, *de liber. & poſthum.* &c. & il eſt cité dans pluſieurs autres loix auſſi-bien que tous les Juriſ-conſultes ſuivans.

De clar. orator.

Balbus Lucilius avoit du me-rite, Ciceron l'appelle hôme docte & diſert : ſon principal talent étoit la ſcience du Droit. Sextus Papyrius étoit d'une ancienne & illuſtre mai-ſon; il enſeigna les élemens du Droit à Servius, qui par re-connoiſſance ayant fait men-tion de luy dans ſes écrits, eſt

Forſter o. 41. in loco cita-to.

cause qu'on s'en souvient. Gaius Juventius étoit, au rapport de Ciceron, fin & adroit à surprendre son adversaire ; il étoit assez habile homme, mais sur tout fort versé dans la Jurisprudence.

Cic. de clar. orat.

Servius Sulpicius, qui étoit d'une des plus anciennes familles de Rome, & fils d'un Chevalier Romain, se servit de leurs écrits. Il fut le premier Orateur de son temps, si l'on en excepte Ciceron : & quoy-qu'alors il ne sçeût pas fort bien le Droit, toutefois par l'avis & les reproches de Quintus Mucius, il s'y donna de telle sorte, qu'il devint un excellent Jurisconsulte, Il joignit une belle élocution à une profonde doctrine; & il reduisit en Art la Scien-

Id. ib. & Philip. 9.

ce du Droit , que les autres
enseignoient confusement &
sans ordre. Il passa par la Pre-
ture , & environ l'an 700. de
Rome, la Republique estant
sans Consuls & dans un desordre universel , on luy defera le commandement par l'autorité du Senat : ensuite il fut
Consul, Gouverneur de Grece , & il s'acquitta de ces emplois avec bien de la prudence : enfin estant mort dans une
Ambassade , le Peuple Ro-
main luy fit dresser une Statuë devant la Tribune aux
harangues , joignant la Tribune d'Auguste. Il a com-
posé prez de 180. livres ,
& entre autres quelques
uns sur la matiere des Te-
stamens; & il fut suivy de plusieurs Jurisconsultes , qui

*Forst. c.
42. in lo-
co citato.*

*Gell. lib.
6. c. 11.*

presque tous ont fait des Livres. Ces Iurisconsul-tes sont Alfenus Varus, Gaïus, Aulus Ofilius, Titus Cæsius, Aufidius Tucca, Aufidius Namusa, Flavius Priscus, Gaïus Ateïus Pacuvius, Labeo Antistius, Cinna Pere de Labeo Anti-stius, Publicius Gellius. De ceux-là il y en a huit qui ont écrit ; Aufidius Namusa a fait de tous leurs écrits un corps de Droit qui con-tient 140. livres : Parmy ces auditeurs de Servius, les plus considerables furent Al-fenus Varus, & Aulus Ofi-lius.

Varus fut Consul, il fit 40. livres. Ofilius fut mis au nombre des Chevaliers Ro-mains : Il vivoit dans une

amitié tres-étroite avec Iules
Cefar: Il a fait plufieurs Livres
du Droit civil fur des matieres
fort importantes , & il a été
le premier qui a redigé en un
Code , les Edits des Preteurs
avec exactitude , car Servius
en avoit fait avant luy deux
Livres extremement courts,
qu'il avoit dediez à Brutus.
Dans le même temps Tre-
batius , Aulus Cafcelius , &
Quintus Mucius fe firent re-
marquer par leur fuffifance.

Fo. ft. ib.
c. 43.

Trebatius fut auditeur de
Cornelius Maximus ; il eut
beaucoup de connoiffance du
Droit civil, & par-deffus cela l'efprit fort agreable. Ciceron l'eftimoit & luy acquit
l'amitié d'Augufte : il luy a

Lib. 7.
ep. famil.

dedié le Livre de fes Topi-
ques, & il luy a écrit plu-

fieurs Lettres qui font partie de fes Epiftres familieres. Augufte introduifit l'ufage des Codiciles à la perfuafion de Trebatius, à qui il offrit le Confulat; mais Trebatius l'en remercia, fe contentant d'avoir été Quefteur.

Aulus Cafcelius qui étoit de l'ordre des Chevaliers, fut auffi Quefteur. Il étoit fort éloquent; Quintilien dit qu'il avoit bien de l'agrément, & qu'il ufoit quelquefois d'une certaine raillerie fine & delicate. Il mefla les belles Lettres avec le Droit, & fit un Livre des bons mots & Sentences. Macrobe l'appelle un Iurifconfulte plein d'urbanité. Quintus Mucius étudia fous Volufiusqui fut quéteur. Tacite parle de ce dernier fort avan-

§. 1. Inft. de Codicillis.

Forft. ib. c. 45.

Quintil. Inftit. Orator lib. 6. c. 3.

Saturn. lib. 2. c. 6.

C iiij

Lib. 13.
Annal.
Capitol.
in Pio. id.
in Marc.
l. 17. ff.
de Iure
Patrona-
tus.
Cujac. ad
l. 21. §. 2.
ff. de an.
Legat.

tageufement; il étoit du Confeil de l'Empereur Antonin le
Debonnaire, & Precepteur de
Marc-Aurele en fait de Ju-
rifprudence, & quelques Empereurs le mettent au nombre
de leurs amys. Monfieur Cujas eftime fort un traité que
Volufius a fait de l'As, & il
confeille à ceux qui commen-
cent d'étudier en Droit, de le
lire avant les Inftituts.

Tubero fuivit ces Iurif-
confultes. Il fut fectateur
d'Ofilius; il étoit d'une ancienne & illuftre maifon de
Rome, & même il étoit Pa-
trice aprez qu'il eût plaidé
contre Ligarius que Ciceron
defendit en prefence de Cæ-
far avec tant de fuccés. Il
paffa de l'étude de l'Eloquence à celle du Droit : il fut

estimé fort habile dans le
Droit public & privé, & il a
fait plusieurs Livres qui trai-
tent de l'un & de l'autre :
Mais il a affecté un stile an-
tique qui ôte bien de l'agrément à ses Ouvrages.

Ateïus Capito, qui avoit
une grande autorité aussi-bien
que ces derniers Iurisconsultes, vint ensuite. Il fut Consul. Il sçavoit fort bien le
Droit, & il estoit tres-com-
plaisant dans les disputes. On
raconte comme une preuve
de sa complaisance, que l'Empereur Tibere s'estant servy
dans un de ses Edits d'un mot
peu usité parmy les Latins,
& voulant le faire passer pour
un mot de l'ancienne Lati-
nité, manda les principaux
Grammairiens de Rome pour

Tac. lib.
3. Annal.
& lib. 57.
ibid.

Sueton.
de illustr.
Gramm.
cap. 22.

avoir leur agrément ſur ce
ſujet. Un certain Pompo-
nius, grand Partiſan des vieux
mots, traita la choſe fort ſe-
rieuſement, & cenſura ce mot,
ſoûtenant que jamais on ne
s'en eſtoit ſervy : Capito s'y
prit agreablement, il en fit
ſa Cour à l'Empereur, diſant
qu'il croyoit que ce mot eſtoit
ancien, & que ſi par hazard
il ne l'eſtoit pas, il falloit le
tenir pour tel à l'avenir à la
recommendation de Cæſar.
L'autre redoublât encore plus
ſon ſerieux, eut la hardieſſe
de donner un dementi à Capito en preſence de Tiberé, &
dit d'un ton fort grave, *Vous*
pouvez, ô Cæſar! donner aux
hommes droit de Bourgeoiſie
Romaine, mais vôtre autorité
ne s'étend pas juſques à intro-

duire des mots dans la Langue Latine, & les mettre en usage. Capito a fait plusieurs Livres de Droit, qu'Aule-Gelle, Macrobe, & Frontin citent quelquefois, comme ses commentaires sur la Loy des 12. Tables, ses recuëils sur plusieurs sortes de matieres, ses Livres du droit Pontifical, du droit des Sacrifices, de l'office de Senateur.

Antistius Labeo, qui estoit d'une ancienne & illustre maison, & qui prit des leçons d'eux tous, commença d'estudier sous Trebatius. Auguste ayant offert à Labeo la place d'un Consul decedé, il ne jugea pas à propos de l'accepter ; on croit que ce fut en veuë de vacquer plus facilement à l'estude. Il dispo-

foit de fon temps de telle forte, qu'il employoit fix mois de
chaque année à conferer avec
les habiles gens de Rome,
& il paffoit les autres fix mois
en retraitte à faire des livres.
Il en fit 40. Volumes ; on
remarque dans ceux qu'il a
faits fur l'Edit du Preteur,
que de temps en temps il fe
réjoüit, car il y a meflé certaines chofes plus agreables
qué folides.

Ces deux Jurifconful-
tes ont commencé de faire
comme deux fectes diffe-
rentes : car Ateïus Capito
eftoit fort attaché aux chofes qu'on luy avoit enfei-
gnées ; Labeo fe fondant fur
fon efprit & fur fa fcience,
innova & changea beaucoup
de chofes. Maffurius Sabinus

qui fucceda à Capito, & Cocceïus Nerva qui fucceda à Labeo, contribuerent fort à augmenter cette divifion.

Cocceïus Nerva qui fut Cõful, & habile en Droit, étoit intime amy de Tibere, & Maffurius Sabinus fut dans l'ordre des Chevaliers ; il fut le premier qui obtint d'Augufte la permiffion de répondre du Droit publiquement : il a fait plufieurs bons livres, dont le Digefte eft en partie compofé. Caius Caffius Longinus fucceda à Sabinus, il fut Conful avec Quartinus fous l'Empire de Tibere : il fut Préfet de Syrie fous Claudius. Tacite dit que Caffius Sabinus étoit fort habile, non feulement en Droit, mais dans l'Art militaire ; Juftinien par- *Tacit. lib. 4. annal.*

lib. 12. annal.

Inproem.
Instit. §.
Quas ex
omnibus.

Tacit.
lib.17.
annal.

l. 1. §. 3.
ff. de po-
stulando.

le de luy avec des termés, qui marquent qu'il l'estimoit. Proculus succeda à Nerva : il fut Préfet du Prétoire sous l'Empereur Othon qui l'aimoit. Dans le même-temps il y eut un Nerva fils, qui répondit publiquement du Droit à l'âge de dix-sept ans; quand il fut designé Préteur, Tibere luy donna les ornemens du triomphe, & luy fit eriger une statuë. Papinien & Ulpien le citent. Il y eut

Tacit.
lib. 15.
annal.
In l. 47
ff. de acq.
poss. in l.
3. ff. de
usufr. &
alibi.

aussi un autre Longinus de l'ordre des Chevaliers, qui fut ensuite Préteur, c'est luy dont les écrits sont inserez dans le Digeste. Mais l'autorité de Proculus fut plus grande que celle de ces Jurisconsultes, dont les uns furent nommez les Cassiens, les autres les Pro-

culeïens : cette diverſité de
Sectes tire ſon origine de Capito & de Labeo.

Cœlius Sabinus qui fut Conſul, & qui ſe rendit fort conſiderable auprés de l'Empereur Veſpaſien , ſucceda à
Caſſius. Pegaſus qui fut auſſi
Conſul & Préfect de Rome,
& que Juvenal appelle le
meilleur & le plus ſaint interprete des Loix, ſucceda à
Proculus : il eſt Auteur du
Senatus-conſulte Pegaſien,
qui fut fait pendant ſon Con-
ſulat. Priſcus Javolenus qui
fut du conſeil de l'Empereur
Antonin le Debonnaire, ſucceda à Cœlius Sabinus. Cel-
ſus que l'Empereur Trajan
eſtimoit fort, & qui eut part
au conſeil ſecret de l'Empereur Adrien, ſucceda à Pega-

Tacit. l.
18. an-
nal.

Forſt. l.
2. c. 64.

Juven.
ſatyr 4.

§. Sed
quia in-
ſtit. de
Fidei-
com. hæ-
red.
Forſt. l.
2. c. 70.

sus. Celsus fils qui fut deux fois Consul, & qui a laissé plusieurs Livres de Droit, succeda à son pere; & aussi Priscus Neratius, qui fut revétu de la même dignité. Trajan avoit tant d'amitié & d'estime pour luy, qu'on croyoit qu'il l'avoit designé son successeur à l'Empire. Il a fait un grand nombre de Livres, parmi lesquels on estime sur tout les quinze Livres qu'il a faits des regles du Droit. Alburnius Valens qui étoit du conseil d'Antonin, Tuscianus, & Salvius Julianus, succederent à Javolenus; Valens a fait sept Livres des Fideicommis : les Empereurs Severe & Antonin luy ont écrit.

Julianus succeda à Javolenus, dont il fut auditeur : on tient

tient que l'Empereur Didius Julianus étoit son arriere-petit fils. Salvius Julianus étoit un grand personnage, qui au rapport de Spartien, fut Préfet de Rome, & deux fois Consul. Pendant qu'il étoit Gouverneur d'Aquitaine, l'Empereur Adrien luy écrivit : c'est luy qui est l'Auteur de l'Edit perpetuel, dont les decisions sont d'un si grand poids, qu'il n'étoit pas permis d'en appeller. Cet habile Jurisconsulte avoit tant d'ardeur pour les sciences, qu'il disoit que quand il auroit un pied dans le tombeau, il ne perdroit pas l'inclinatiõ d'apprendre; Justinien le nomme personnage d'une grande authorité, & excellent Jurisconsulte.

D

Outre tous ces Jurifcon-fultes , il y en a encore plu-fieurs fort confiderables, dont Pomponius ne fait pas men-tion : Je parleray d'eux à peu prés fuivant l'ordre du temps où ils ont vécu : mais afin de me fixer & de ne pas groffir mal à propos cette Hiftoire, je me reduiray à parler de ceux qui ont contribué par leurs écrits à la compofition du Digefte , dont les noms & les Livres font inferez au premier Volume : je ne diray rien en détail de leurs ouvra-ges , parce qu'on pourra les voir mieux là qu'icy.

Butil. in Ulp. Mar-cello.   Ulpius Marcellus fut du confeil d'Antonin le Debon-naire , il étoit d'une ancienne & noble maifon : Les Livres qu'il a faits , marquent bien

qu'il étoit un fort habile Iurisconsulte.

Dans le même-temps, Ter- *Idem in*
tullien se rendit considerable *Tertull.*
par son merite : quelques-
uns croyent qu'il a été Consul, & que le Senatus-con-
sulte Tertullien, qui regle la
maniere dont la mere doit
succeder à son fils, *ab intestat,*
fut fait pendant son Consulat sous l'Empire d'Adrien.
Mõsieur Cujas tient que c'est *Cujac.*
le même qui a fait de si beaux *lib. 7. ob-*
livres de la religion Chrestien- *serv.*
ne:& pour mieux appuïer son *cap. 20*
opinion, il allegue Eusebe, *Euseb.*
qui semble dire que Tertullien *Ecclef.*
le Theologien, étoit aussi Iu- *histor. l.*
risconsulte, comme il paroît *2. cap. 2.*
par ses écrits, où il y a bien des *V. Amœ-*
choses qui font connoître *nit. jur.*
qu'il étoit habile dans le *civil.*
c. 12.

Droit Romain : toutefois il y a plusieurs autres Auteurs qui tiennent qu'il y a eu deux Tertuliens, l'un Theologien, l'autre Iurisconsulte.

Capitol. in Marco Antonin. Philos. Cereïdius Scevola étoit son contemporain , l'Empereur Antonin surnommé le Philosophe se servoit de son Conseil pour faire des Edits , & des Constitutions. Il excelloit en cela, qu'il s'attachoit plus qu'aucun autre Iurisconsulte aux circonstances des difficultés qu'on luy proposoit. Il fut Preecepteur de Septimus Severe.

Forst. lib. 2. c. 76. Papinien vivoit dans le même temps : Il étudia sous Cereïdius Scevola : Il fut Maître des Requêtes : Intendant des Finances, & Prefet du Pretoire sous Septimius

Severe, dont il étoit intime amy : Il fut tué par les ordres de Caracalla, pour n'avoir pas voulu approuver le meurtre de Geta. On appelloit Papinien l'Afile du Droit, & le Trefor des Loix : Il étoit le plus Ingenieux & le plus fçavant de tous les Iurifconfultes. Monfieur Cujas ajoûte, qu'il n'y en a jamais eu, & qu'il n'y en aura jamais un auffi habile. Il avoit tant d'autorité, & on avoit une fi haute opinion de fa fuffifance, que lors qu'il fe trouvoit quelque contrarieté dans les fentimens de plufieurs Iurifconfultes, & qu'il y en avoit également des deux côtés, on fuivoit le party qu'il jugeoit le meilleur. Il mourut âgé feulement de 36. ans.

Cujac. in edit. cod. Theodof. in epiftol.

L unica: cod. Theol. de refponfis. prud.

Ulpien fut aussi dans le méme temps un celebre Iurisconsulte, comme le grand nombre de ses écrits qui nous restent , le témoignent. Il avoit beaucoup de part à l'amitié de l'Empereur Alexandre , dont il fut Tuteur , & ensuite Conseiller d'Etat : Ce Prince ne faisoit rien d'important que par son avis , & il l'appelle son amy & son pere : Il fut Prefet du Pretoire. Iustinien le nomme en divers endroits, personnage d'un esprit éminent, & plusieurs autres Empereurs luy donnent aussi de grands éloges.

Iulius Paulus, Disciple de Papinien, se fit distinguer par son habileté qui l'éleva aux premiers charges de l'Empire: Il fut Préteur , Consul, &

Lampr.
in Alex.
Severo.

l. 4. cod.
de conth.
& comm.
stipul. l.
4. cod. de
locat. l.
ult. cod. de
instit. &
subst. &c.
l. 1. §. ne
autem
cod. de
caduc toll.
Spart. in
Pescennio
Nigro.

Préfet du Prétoire, & quoy-
qu'ordinairement les hommes
ne foient pas fi eftimez dans
leur païs qu'ailleurs, on voit
encore neanmoins fa ftatuë à
Padouë, qui eft le lieu de fa
naiffance. Il n'y a point de Iurifconfulte qui ait tant écrit
que luy.

Rutil. in
Iul. Pauk.

    Pomponius, ce fçavant
Iurifconfulte, qui avoit étudié
fous Papinien, fut du confeil
de l'Empereur Alexandre. Il
employa tout fon temps à l'é-
tude, parce qu'il étoit perfua-
dé avec raifon, qu'il n'y a
rien de plus agreable. C'eft
luy qui a pris foin de confer-
ver le fouvénir de la pluf-
par des anciens Iurifconfultes, & qui m'a donné occafion de parler à fon exemple,
non feulement des anciens,

Id. in
Pompon.
Lampr.
in Alex.
Severo.

mais auſſi des modernes, comme je le feray ſur la fin de cette Hiſtoire.

Herennius Modeſtinus auditeur d'Ulpien, fut Conſul ſous l'Empire d'Alexandre, & Précepteur de Maximin, qui fut Succeſſeur du meſme Alexandre. Il a fait pluſieurs Livres de Droit, & entre autres deux en Grec des excuſes des Tuteurs : Il paroît que les Empereurs Alexandre & Severe luy ont fait l'honneur de luy écrire au ſujet d'une Magiſtrature, dont il étoit pourveu.

Les autres Juriſconſultes, dont les écrits ônt ſervy à la compoſition du Digeſte, étoient à la verité d'habiles gens : mais comme il n'y a rien de fort remarquable dans leur

Panzir. de clar. leg. interpret. lib. 1. c. 59.

l. debitor. 11. cod. ex quib. cauſis infamia irrogetur & l. ult. ſi ex falſ. inſtrumentis, &c.

leurs vies, je me contente-
ray de dire que la plufpart
ont vécu fous le regne des
Antonins, & de leurs Suc-
cefleurs. Tels étoient Tar-
runtius Paternus, Æmilius
Macer, Terentius Clemens,
Arius Menander, Aurelius
Arcadius, Licinius Rufinus,
Papyrius Juftus, Publ. Fu-
rius Anthianus, Maximus,
Hermogenianus, Florentinus,
Claudius Thryphoninus, Ca-
liftratus, Venuleïus Saturni-
nus, Africanus. Ce dernier doit
une partie de l'eftime qu'on
fait de luy à Monfieur Cujas, qui a pris foin d'expli-
quer & de reduire en neuf
traitez fes livres des queftions
qui font éparfes en divers
endroits du Digefte. Il y a
encore quelques autres Jurif-

Cujac. ad
Afr. can.

E

consultes, comme Julius Mau-
ricianus , Ælius Marcianus,
Julius Aquilius , Ælius Gallus , qui par leurs ouvrages
ont consacré leur memoire à
la posterité.

Voila l'origine & le pro-
grés du Droit civil des Romains , & la suite des principaux Jurisconsultes jusqu'à
Justinien, qui l'ayant trouvé
confus par le nombre presque infiny de leurs réponses
& de leurs écrits , qui mon-
toient à 2000 volumes , en
fit retrancher ce qu'il y avoit
d'inutile , & le mit dans le
bel ordre où il est presente-
ment.

Cet Empereur voulant ren-
dre sa memoire immortelle
par les loix , comme il avoit
fait par les armes, donna le

foin aux plus habiles perfon-
nages de fon tenps , Tribonien qui fut fon Chancelier,
Conftantin, Theophile, Do-
rothée , Anatolius, Cratinus,
& quelques autres , de faire
un ouvrage achevé de Jurif-
prudence , en choififlant ce
qu'il y avoit de meilleur dans
les Loix des 12 Tables, dans
les Plebifcites , dans les Sena-
tufconfultes , dans les Edits
des Préteurs , dans les répon-
fes des Jurifconfultes , dans
les conftitutions & les refcrits
des Princes ; car avant Juftinien, le Droit civil étoit compofé de toutes ces chofes.
Ces hommes illuftres non feulement par leur merite, mais
encore par la grandeur de
leurs charges & de leurs emplois, reduifirent tout le Droit

E ij

l. 2. Cod.
de veter.
jur. enuc.

des Romains en quatre Li-
vres, qui font le Digeſte, les
Inſtituts, le Code, & les Novelles.

Le Digeſte qui eſt un re-
cüeil des choſes principales
qui étoient dans les Loix des
12 Tables, les Edits des Préteurs, les Plebiſcites, les Se-
natuſconſultes, les réponſes
& les Livres des Iuriſconſultes, & qu'on peut appeller la
plus belle & la plus conſiderable partie du Droit Ro-
main, fut commencé la qua-
triéme année de l'empire de
Iuſtinien, & fut achevé la ſep-
tiéme avec tant de ſuccés, que
cet ouvrage eſt au deſſus de
tous les éloges qu'on peut
luy donner. Et comme non-
obſtant ſa perfection, quelques critiques y trouvoient à

L'an de
I. Chr.
530.

dite du temps de Monſieur
Cujas, ce grand homme en-
treprend ſa defenſe en cette
ſorte. Tout eſt lié & digeré
dans les Pandectes avec un
art admirable, non pas tant
par l'eſprit de Tribonien, que
de Iulien, d'Hermogenes, &
des anciens Docteurs dont il
a ſuivi les veſtiges, & ceux
qui deſirent ou qui ſe figu-
rent un autre art meilleur à
ce qu'ils croyent que celuy-
là, ſont dans une grande er-
reur : ils ne ſçavent en quoy
conſiſte l'art, ſur tout celuy
du Digeſte qui les paſſe, & il
faut qu'ils n'ayent aucune
teinture du Droit.

Quand le Digeſte eût été
redigé, Iuſtinien ordonna que
l'on compoſât les Inſtituts,
qui furent pourtant publiez

un mois avant le Digeste, la
septiéme année de son empire; & parce que la composition des Instituts a suivi celle du Digeste, plusieurs esti-
ment que le Droit des Instituts, déroge au Droit du Digeste, supposé qu'il s'y trouve quelque contrarieté. Ce
petit livre contient les élemens du Droit Romain, & il
est écrit d'un stile si net, si
naturel, & si facile, que Monsieur de Cujas, dont le jugement est la regle du bon goût,
le prefere pour sa pureté à
tous les autres livres de
Droit, & dit qu'il n'a jamais
rien veu de plus clair, de plus
propre, de mieux tourné, &
qui ait moins besoin d'interprete, que cet abbregé de la
plus saine Iurisprudence.

Ensuite Iustinien ordonna
qu'on fit un Code de toutes
les Constitutions Imperiales
depuis Adrien jusqu'à luy :
car il ne se trouve presque
point de Constitutions des
Empereurs devant Adrien.
Ce Code parut la huitiéme
année de son Empire : il l'a-
voit déja mis en lumiere dés
la troisiéme année, composé
de toutes les Constitutions
depuis le même Adrien, tirées des trois Codes, Gregorien, Hermogenien & Theo-
dosien : mais comme on re-
connut qu'il avoit été fait
avec un peu trop de precipi-
tation, l'Empereur Iustinien
commanda qu'on le revît
exactement & à loisir, &
qu'on y inserât les cinquan-
te Decisions par lesquelles il

L'an de
I. Chr.
534.

Cod. de
emendat.
codicis
Iustinia-
ni. l. 1.
cod. de
Iustin.
codice
confirm.
l. 2. cod.
de vet.
jur. En-
neh.

E iiij

termine toutes les controverses agitées dans le Droit
Romain entre les anciens Iurisconsultes : il voulut qu'on
fît connoître dés l'entrée &
par le titre même, qu'il avoit
été reveu & corrigé ; & l'a-
doptant comme son ouvrage,
il le nomma le Code Iustinien.

Le dernier Livre de Iustinien est le Livre des Novelles, qui à proprement parler, sont un Supplement du
Code : car aprés la composition du Digeste, des Instituts
& du Code, il fit dans les
occasions qui se presenterent
cent soixante-huit Constitutions pendant les autres années de son regne, qui dura
prés de quarante ans. Ces
Constitutions sont appellées

Novelles, parce qu'elles font les dernieres dans l'ordre du temps ; & elles font exacte-ment traduites du Grec en Latin. On les appelle com-munément *Autentiques*, pour marquer la fidelité de la tra-duction , & pour les diftin-guer de l'Epitome de Iulien, qui avoit efté Conful à Con-ftantinople, & de celles que le Iurifconfulte Irnerius in-fera dans le Code fous le re-gne de l'Empereur Frede-ric I. qui font fouvent peu exactes ; & même il eft fort probable qu'il y en a quel-ques-unes de ce Prince , au lieu que les veritables No-velles de Iuftinien qu'on met ordinairement à la fuite des trois derniers livres du Co-de, font tres-fideles , d'au-

Alciat.
2. pa-
rerg. cap.
46.

Contius
in Ne-
vell. pra-
fat.

Cujac.
lib. 8.
observat.
cap. 40.

tant qu'elles font tirées du plus parfait original Grec dont la plufpart font une copie exacte, faite au pié de la lettre, par un ancien interprete Anonyme, dont Monfieur Cujas prend fortement le parti contre ceux qui l'accufoient d'ignorance. On ne les avoit pas veuës en Grec jufqu'au temps d'Haloander, qui les mit au jour la premiere fois l'an 1531. mais comme il manquoit quelques conftitutions Grécques dans le recüeil d'Haloander, Hervagius, & Serimgerus les suppléerent : ce dernier les fit imprimer quelques années aprés en 1558. avec les 13 Edits que Iuftinien fit aprés les Novelles.

C'eft de cette forte que

l'Empereur Iustinien a heu-
reusement composé le Droit
Romain, & reduit le grand
nombre des Loix à une certaine quantité qu'il a demé-
lées & choisies parmi un amas
excessif. Il reste de dire comment cet excellent ouvrage,
dont l'utilité est si generale,
est venu jusqu'à nous, malgré l'Eclipse, pour ainsi parler, des loix & des sciences,
qui a duré pendant plusieurs
siecles.

Le Droit civil des Romains
ayant été achevé avec tant de
succés par les soins & par les
ordres de Iustinien, fut presque enseveli avec son Au-
teur; car cet Empereur étant
mort, à peine ce Droit eut-
il quelque autorité dans la
ville de Constantinople, pour

lors sejour ordinaire des Empereurs Romains ; on n'en
sçait pas avec certitude la
veritable raison : mais soit
que cela vint de leur negli-
gence , ou de l'envie qu'ils
portoient peut-étre à la gloire de ce Prince , il est con-
stant que cet ouvrage incomparable fut fort negligé , &
qu'il n'eut point de cours en
Italie , ny chez les autres nations de l Europe durant environ 565. ans depuis Iustinien. Et même pendant son
regne , ce Droit fut suppri-
mé par les Goths , les Lombards, les Vandales, les Francs,
& autres peuples Barbares,
qui s'emparerent des Provin-
ces Occidentales de l'Empire
Romain, & qui étoient ennemis declarez des Loix Ro-

maines, & de toutes les sciences.

Voici de quelle maniere on
receut les livres de Iustinien à
Constantinople , & ensuite
par tout l'Empire d'Orient,
& comment enfin ils sont venus aux peuples de l'Eu-
rope.

Iustinien étant mort , ses
livres furent soufferts à Constantinople dans les Academies & dans le Barreau pendant 37 ans sous les Empereurs Iustin le jeune & Tibere , qui firent quelques con- L'an de
stitutions particulieres : mais I. Chr.
enfuite le Droit de Iustinien 565.
fut presque sans autorité.
L'an 595. l'Empereur Mau-
rice ayant été tué , Phocas
qui le fit mourir succeda à *Zonar.*
l'Empire : mais ce Prince *tom. 3* *Annal.*

imprudent & foible, ne pût maintenir l'autorité des Loix.

Suares
in notit.
Basilic.

Sous les Empereurs depuis Phocas jusqu'à Basile le Macedonien, les livres de Iustinien furent dans quelque usage à Constantinople pendant prés de deux siecles : car sur la fin du regne de Iustinien & un peu aprés, le Code & le Digeste ayant été

Fabrot.
in epist.
Basili-
con.

traduits par Thalclée Professeur en Droit, les Instituts par Theophile qui en fit une paraphrase, & plusieurs livres des Iurisconsultes Romains ayant été mis en grec par divers Auteurs, ces livres servoient quelquefois de decision dans les Iurisdictions de l'Orient sous les Empereurs qui succederent à Iustinien ;

durant le regne desquels l'autorité des Loix & des Iugemens, commença peu à peu de diminuer : l'Empire d'Orient étant pour lors en desordre par les armes des Sarasins jusqu'à Basile le Macedonien.

Zonar. tom. 3. Annal.

C'étoit un Prince d'un grand esprit qui acquit beaucoup de gloire, non seulement dans les guerres qu'il eut contre les Sarasins, & les autres ennemis de l'Empire ; mais aussi en rétablissant , comme il fit les Loix & les Iugemens. Toutefois il y a quelque chose à dire en la conduite qu'il tint à l'égard de Iustinien, s'il est vray comme plusieurs l'asseurent , qu'il tâcha de concert avec Leon le Philosophe & Constantin Porphyrogenete

L'an de I. Chr. 867.

Ciron. lib. 5. observat. jur. Canon. c.4. & 5.

ſes fils, de détruire les livres
de cet Empereur, dont la gloire leur cauſoit de la jalouſie;
car on pretend que ce fut
dans cette veuë qu'il mit au
jour un abbregé du Code-
Juſtinien, & qu'il publia ſoi-
xante Livres des Baſiliques,
qui ſeuls eurent force & vi-
gueur de Droit juſqu'à la fin
de l'Empire d'Orient, negli-
geant les livres cōpoſez par
Iuſtinien, qui aprés le même
Baſile, ne furent admis ny
dans les Academies, ny dans
les Iugemens, ny dans l'uſage
du Barreau.

Mais cette méchante opi-
nion qu'on a de Baſile n'eſt
pas ſi generale que quelques-
uns n'entreprennent ſa defenſe, & n'eſſayent de le ju-
ſtifier, attribüant la perte
des

*L'an de
I. Chr.
870.*

des livres de Iustinien, au malheur qui arriva lors que dans l'embrasement de Constantinople sous l'Empereur Zenon, il y eut six-vint mille volumes consumez par les flammes, & que la ville de Beryte, qui étoit le lieu du monde où les Loix fleurissoient dovantage au temps de Iustinien, fut presque entierement abîmée par un tremblement de terre, outre tous les livres que les Goths brûlerent pour lors en Italie.

Quoy qu'il en soit, sans entrer plus avant dans cet examen afin de ne pas blâmer inutilement Basile, supposé qu'on pût le convaincre de cette accusation, l'on n'est pas même bien d'accord quel est l'Auteur des Basiliques : car les uns les attribuent à Leon le Philosophe, les autres plus probablement à Basile son pere, à qui Leon même les attribuë. Ces livres vint ans aprés qu'ils eurent commencé de paroître, furent reveus & corrigez par Constantin Porphyrogenete autre fils de Basile, & depuis ce temps-là, les livres de Iustinien cesserent d'être en usage dans l'Orient : ils n'étoient plus entre les mains des Iurisconsultes, & on les décrivoit rarement : d'où vient que dans ce grand nombre de livres qui furent envoyez en Occident aprés la prise de Constantinople, il n'est point certain qu'on ait trouvé aucun livre de Iustinien, si on en excepte les Novelles.

Aprés les livres des Basiliques, Leon mit au jour cent
treize nouvelles Constitutions que nous avons & que
nous suivons dans les choses qui n'ont pas été établies,
& decidées par Iustinien.
Monsieur Cujas a marqué
celles qui sont en usage parmi nous : mais soit que Basile, ou son fils Leon soit Auteur des Basiliques (car les
sentimens sont fort partagez
là dessus, ceux qui tiennent
que c'est Basile disant que
Leon n'y a point d'autre part
que de les avoir mis dans un
meilleur ordre) il est certain
que l'un ou l'autre employa
à la composition de cet ouvrage, le Digeste, les Instituts, le Code, les Novelles
de Iustinien, treize Edits du

Cujac.
lib. 17.
observat.
c. 31.

F ij

même Iustinien, faits aprés les
Novelles , les Constitutions?
nouvelles de Iustin , de Tibere , de Zenon, & des Empereurs suivãs jusqu'à Basile,
les Novelles du même Basile,
& aussi les livres des Iurifcon-
sultes Romains , qui étoient
pour lors dans les mains des
Grecs , & qui étoient venus
jusqu'à nous. Neanmoins ces
Basiliques contenuës en 60
livres, furent long-temps ca-
chées, & ce fut Gentien Her-
vet qui l'an 1557. en mit au
jour premierement 7 livres
traduits en Latin , & ensuite
Cujas donna au public le soi-
xantiéme livre aussi en Latin : & aprés sa mort on im-
prima sur son manuscrit les
trente-huit & trente-neufié-
me livres en 1609. Il les avoit

tous en sa disposition, & il s'en
est fort servi pour l'interpretation du Droit Romain, sur
tout dans ses observations.
On les a presque tous entiers
avec les Scholies des interpretes Grecs traduits par M.
Charles Fabrot, alors Doyen
des Professeurs en Droit de
la ville d'Aix, & depuis Conseiller au Parlement de Pro-
vence. Nous en tirons de
grandes lumieres pour éclair-
cir les endroits de Justinien,
qui semblent avoir quelque
obscurité.

Les Jurisconsultes Grecs
ont fait des annotations ou
gloses sur les livres des Basiliques, mais non en pareil
nombre que les Latins sur
Justinien : & de tous ces interpretes, nous n'avons que

*v Cujac.
lib 5.
observat.
c. 4. &
lib. 15. c.
22. ib*

quelques gloses de Thalctée,
d'Estienne de Nicée ,de Tha-
dée , d'Eudoxe, d'Isidore , de
Calistrate , & autres Iurisconsultes Grecs qui ont été
mises à la suite de chaque
livre des Basiliques.

Photius Patriarche de Constantinople ayant imité les
Empereurs Basile & Leon,
publia presque dans le même
temps un livre appellé Nomo-
Canon , contenant les Loix
& les Canons tirez des Con-
ciles & des SS. Peres de l'Egli-
se Grécque, qui est un rapport
& une espéce d'alliance des
Loix Imperiales & Ecclesia-
stiques , sur lesquelles Theo-
dore Balsamon Patriarche
d'Antioche , a fait des Commentaires.

Encore que les Grecs soient

Environ
l'an de
I. Chr.
875.
Suares
loco cit.

d'ordinaire assez diffus, ils se
font pourtant attachez durant
un certain temps à faire des
recüeils & des abbregez, dont
le premier est celuy de Basile.

Michel Attaliote Iurisconsulte, donna au public par le
commandement de l'Empereur Michel Ducas, environ
l'an 1070. un abbregé plus
court, qu'il nomme l'Abbregé de l'Abbregé ; presque
dans le même temps Michel
Psellus fit aussi un petit recüeil des Basiliques.

Constantin Harmenopule
a composé de l'abbregé de
Basile, l'Abbregé du Droit
universel : il s'est aussi servi
pour la composition de cet
ouvrage, des Constitutions
des Empereurs jusqu'à Emmanüel Commene, qui com-

mença de regner environ l'an
1150. cet abbregé est intitulé
Promptuaire, il fut fait dés
l'année 1143.

Enfin Leunclavius qui a
traduit en Latin l'Abbregé
des Basiliques, a encore traduit trois livres des Parati-
tles tirez des Basiliques, où
sont les loix qui concernent
les choses & les personnes
sacrées.

Toutes ces choses & les
Constitutions des Empereurs
qui succederent à Basile servirent de Droit dans l'Empire d'Orient : on y negligea
les livres de Iustinien, soit
que sa reputation luy eût
attiré de l'envie, soit que Basile eût l'ambition d'acquerir
de l'autorité à ses propres
Loix, & qu'il ne pût souffrir
le

le grand nom que Justinien
s'étoit acquis par la composition des Loix Romaines,
soit à cause de l'usage ordinaire & de la facilité de la
langue Grécque ; & les em-
pires d'Orient & d'Occident,
étant pour lors divisez , les
Grecs ne voulurent plus se
servir que de leur droit, qu'ils
avoient pourtant emprunté
des Romains.

Ce Droit Grec-Romain
fut observé depuis le temps
de Basile & de Leon sous les
Empereurs Porphyrogene-
te, Commene & Paleologue
jusqu'à Constantin XIII.
dernier Empereur des Grecs,
sous lequel Constantinople
ayant été prise en 1453. par
Mahomet II. Empereur des
Turcs, l'Empire d'Orient fut

G

éteint avec ſes Loix. Car juſqu'à ce temps-là il y eut à
Conſtantinople un nombre
conſiderable de Juriſconſultes fort celebres : & cette
ville étoit le plus auguſte tri-
bunal d'Orient , au rapport
d'Æneas Sylvius , qui pour
lors étoit Souverain Pontife
ſous le nom de Pie II. &
tandis que l'ignorance des
Goths , des Lombards , des
Maures , des Saraſins , & autres peuples groſſiers , avoit
preſque aboli dans l'Occident
les lettres & les loix durant
pluſieurs ſiecles , elles fleu-
riſſoient dans Conſtantinople.

Nous ne voyons pas , com-
me je l'ay dit , que les livres
de Juſtinien ayent eû cours
à Rome ou dans le reſte de l'I-

talie pendant plus de cinq
cent soixante ans depuis sa
mort : on a seulement quelques conjectures qu'ils furent
receus dans l'Illyrie , parce
qu'il ordonna au Préfet du
Prétoire de l'Illyrie de les
publier. Les Goths possede-
rent l'Italie environ soixante ans depuis Iustinien ; &
aprés que les Lombards les
eurent repoussez dans le
fonds de la Gaule , leurs Rois
joüirent deux cens ans de
l'Italie ; & dans le même
temps les Visigoths & les Vandales dominoient en Espagne,
& les Goths , les Huns, & autres peuples barbares , étoient
les maitres des Gaules. Ils
ne connoissoient point d'autres Loix que celles qu'ils
avoient faites eux-mêmes,

comme celles des Lombards,
des Goths, des Bavarois, des
Visigoths, des Ripuains, des
Frisons, des Anglois, des Sa-
xons, des Bourguignons, des
Rois de Naples, & de Sicile,
& autres Loix que nous avons
dans le Code des Loix anti-
ques, qui bien qu'elles soient
justes en beaucoup de choses, sentent toutefois la ru-
desse de ces peuples ; & même les Loix des Lombards qui
ont passé pour meilleures que
les autres, marquent une ignorance fort grossiere, & plusieurs
Interpretes les ont nommées
la crasse & l'excrement des
Loix. Ils ont neanmoins rendu cet honneur aux Romains,
autrefois leurs maîtres d'écrire toutes leurs Loix en Latin ; de dresser tous leurs

contrats fuivant les Loix Romaines, & d'obferver autant
qu'ils en étoient capables,
dans l'ufage & dans la forme
de leurs Jugemens, les reftes
du Droit des Romains, c'eft
à dire, le Code Theodofien,
les Inftitutions de Gaïus, les
Fragmens d'Ulpien, les No-
tes & les Sentences de Paulus.

Charle-magne ayant vain-
cu Didier dernier Roy des
Lombards, & ayant été éleu
à Rome Empereur des Ro-
mains par le Senat & par le
peuple, fous le Pontificat de
Leon III. avoit une grande
paffion de rétablir le Droit
Romain : en quoy il ne
pût réüffir, foit à caufe des
occupations continuelles de
la guerre, foit parce qu'il n'a-

Ciron
lib. 5.
obfervat.
Iur. Ca-
non. c. 4.
& Arth.
Ducx. de
authorit.
Iur. cin.
lib. 1. c. 5.

G iij

voit pas les livres du Droit Romain que ses Jurisconsultes ne purent recouvrer. Car durant le regne de Charlemagne & les deux siecles suivans, les belles lettres & les Loix étoient, pour ainsi dire, ensevelies, & alors les esprits languissoient, & ils étoient dans un tel assoupissement, & dans un tel oubli des lettres & des bonnes mœurs, qu'à peine trouve-t-on des Princes & des Souverains Pontifes qui ayent fait quelque chose digne de memoire.

En ce temps-là on ne parloit pas du Droit Romain; il se trouvoit seulement à Ravenne chez les Princes Grecs la cinquiéme partie du Digeste, touchant les dernieres volontez & les succeſſions, commençant au vingt-hui-tiéme livre, & finiſſant au trente-huitiéme. Car cette partie d'Italie étoit ſoûmiſe aux Empereurs de Conſtan-tinople, le regne des Lom-bards durant encore, juſques à ce que par convention en-tre Charle-magne & Nice-phore Empereur d'Orient, la partie de l'empire Romain Occidental, demeura à Char-les & à ſa poſterité , & la partie Orientale aux Princes de Conſtantinople.

    Or aprés ces tenebres & cette eſpeçe de mort de tou-tes les ſciences, la bonne for-tune du Droit Romain fut telle qu'elles commencerent à renaître en même temps qu'on le remit en lumiere:

G iiij

Sabellic
Ennead.
8. lib 9.

Environ l'an 1135.

ce qui arriva sous Lothaire II. Empereur d'Occident, & sous le Pontificat du Pape Innocent II. qui faisoient la guerre ensemble contre Roger Roy de Sicile & de Naples. Car comme ils eurent imploré le secours des habitans de Pise, qui jouïssoient

Ciron. d. lib. 5. observat. jur. can. c. 5. Frã-çse. Tau-cell. in præfat. ad Pande-ctas Florentinas.

alors du droit de Republique, les livres des Pandectes s'étant trouvez parmi les ruines de la ville d'Amalfi dans la Pouïlle, leur furent donnez pour recompense des belles actions qu'ils firent en cette occasion. Ils gardèrent ces livres precieusement jusques à l'an 1406. & nos Docteurs y avoient recours dans leurs Controverses.

Ciron. d. lib. 5. obser. Iur.

En ce temps-là, l'armée des Florentins ayant pris la ville

de Pise, les vainqueurs tranf-
porterent les Pandectes à
Florence, comme le plus confiderable avantage de leur
triomphe, où on les confer-
ve encore avec grand foin.
Pour lors les autres fciences
recommencerent à fleurir
avec les Pandectes, qui ayant
été rappellées comme de leur
exil , tous les peuples de
l'empire d'Occident les re-
ceurent avec joye.

Il y avoit en Allemagne,
du temps de Lothaire II. un
fort habile homme nommé
Irnerius, qui avoit enfeigné
le Droit à Conftantinople, &
qui tenoit une des premieres places dans l'adminiftra-
tion des affaires de l'Empire:
ce Prince à fa perfuafion ordonna par un Edit exprés,

Canon.
c. 5.

Ciron.
ibid.

qu'on enſeignât le Droit Romain dans les Academies , & qu'on jugeât les procez ſuivant ce même Droit ſous la conduite & par les conſeils de cet illuſtre Iuriſconſulte, qu'on peut nommer le reſtaurateur des Loix ; enſuite Irnerius commença d'enſeigner le Droit civil à Bologne l'an 1150. & il fut ſuivi de Placentin , de Bulgare , d'Odofrede, d'Azon , & de pluſieurs autres.

Arth. Duck. de autorit. Iur.l.1.c. 5.&Forſt in hiſt. Iur.Cir. V.Accur ſius.

Aprés ces Iuriſconſultes Accurſe commença d'étudier le Droit civil à l'âge de prés de 40. ans en 1227. ſous Azon & Odofrede : il y fit un ſi grand progrez , qu'il paſſa de bien loin ſes maîtres : & ayant ceſſé d'enſeigner publiquement le Droit , il travailla en particulier, & durant fept années de retraitte, il fit des Glofes fur le Digefte & fur les Novelles : & pendant deux autres années, il en fit auffi fur le Code.

Dans fes Glofes il fait mention, avec une breveté merveilleufe des Loix qui ont quelque rapport : il concilie celles qui femblent être oppofées, & il a acquis par ce moyen tant de reputation que perfonne apres lui n'a plus ozé faire des Glofes fur le Droit. On remarque même que fon autorité étoit fi grande, qu'elle réünit deux factions qui s'étoient élevées depuis quelque temps à Bologne dans la Science du Droit, de maniere que les deux Chefs de parti demeurerent fans Sectateurs , car tous le reconnurent pour Chef unique : mais ce qui marque encore fon merite , eft que Cujas le prefere à tous les Interpretes Grecs & Latins , & appelle réveries ce que Bartole & les autres difent de contraire au fentiment de ce celebre Gloffateur. Il avoit pris naiffance à Florence , il mourut âgé de 78. ans.

Jean de Blanafco, Othofrede , Oldrade , Nicolas Spinelle , Jean Carderin & autres qui enfeignerent le Droit civil en divers endroits de l'Europe, vinrent apres Accurfe : & quoy qu'ils ayent tous acquis une grande reputation par la fcience des Loix Romaines , toutefois

Bartole & Balde qui les fui-
virent, excellerent par - def-
fus tous en fuffifance.

Bartole fut du Confeil de
l'Empereur Charles IV. Il
avoit été receu au nombre
des Docteurs en Droit dés
l'âge de 21. ans; il le profef-
fa à Pife n'ayant que 25. ans,
& enfuite à Peroufe l'an
1350. & il l'expliqua avec
tant de jugement dans fes
Commentaires, qu'apres Accurfe, il eft fans difficulté &
d'un confentement univerfel,
le premier Interprete de Juftinien. Les autres Interpretes témoignent qu'il avoit
une admirable connoiffance
des Loix, & pour mieux ex-
primer que fes lumieres fur-
paffoient de beaucoup celles
des autres hommes, quel-

Arth.
Duck. de
autorit.
Jur.lib.1.
c. 5.

ques-uns ont dit qu'il avoit un genie familier qui luy servoit de guide dans ses études & dans ses ouvrages. Il mourut à Perouse l'an 1355.

Balde qui avoit été l'un de ses Auditeurs, le survéquit. Il enseigna le Droit civil à Bologne & à Pavie pendant 56. ans, avec tant d'esprit & de jugement, que Jason avoit coûtume de dire que Balde n'ignoroit rien, & Philippe Dece témoigne que nul ne peut égaler Balde en autorité. Sa Doctrine luy fit aquerir de grands biens : Il mourut dans un âge decrepit l'an 1400.

On ne peut rien desirer en ces grands hommes, sinon qu'ils eussent vécu dans un siecle moins grossier : car la

rudeſſe des Goths & des Lombards avoit corrompu , &
preſque aneanti le Latin &
toutes les Lettres. Mais ſi
l'on a ſujet de reprendre en
eux la dureté de leur langa-
ge , & leur ignorance de l'Hiſtoire & des belles Lettres , il
en faut accuſer le temps où
ils vivoient : & aprés tout on
leur a obligation d'avoir tranſ-
mis à la poſterité le Droit
Romain avec un grand travail,
& d'en avoir éclairci les principales difficultez.

Ceux qui les ont ſuivis
ſont Ange de Perouſe fre-
re de Balde, Salycete , Paul
de Caſtre , Alexandre d'Imo-
le , François Aretin , Jaſon,
Alberic , Felin , Philippe Dece, & autres qui ont enſeigné
le Droit Romain avec beau-

coup d'esprit & de bon sens, comme leurs Commentaires le font connoître.

Aprés ceux-là on vit aussi paroître de fameux Jurisconsultes de toutes les Nations Chrétiennes ; en France Budée, Duarin, le Comte, Baron, du Moulin, Connan, Cujas, Hottoman, Brisson, Tiraqueau, Chopin, Mornac. En Italie Alciat, dont les Commentaires sont beaucoup plus élegans que ceux des Jurisconsultes qui l'ont precedé depuis l'onziéme siecle, qui a part dans ce Royaume avec éclat ; Decien, Menoch, Pancirole. En Espagne Covarruvias, Antoine Augustin, Arius Pinelus, Alphonse, Loüis & Antoine Gomez. En Portugal, Antoine Gonçan ;

& en

& en Allemagne, Mynſinger, Oldendorpe, Damhonden, Vigelius, Forſtere, Sichardus, Giphanius, Veſembec, &c.

Parmy tous ces Juriſconſultes, je ne puis m'empécher de dire quelque choſe de ceux de ma nation.

Guillaume Budée Pariſien, perſonnage d'une eminente Doctrine, fut Maiſtre des Requêtes ſous le regne de François I. qui l'envoya en Ambaſſade auprés de Leon X. un peu avant qu'il fût revêtu de cette charge : il ſçavoit parfaitement les langues Grécque & Latine, & il égaloit les anciens au jugement des plus habiles de ſon temps. Quelques - uns ont crû qu'il n'étoit pas grand Iuriſconſulte : mais les

H

livres de Droit qu'il a laif-
fez, marquent qu'il y étoit
habile.

Duarin vint quelque temps
aprés luy, il furpaffa prefque
tous les Jurifconfultes de fon
fiecle en éloquence, & par
fa methode d'enfeigner, qui
étant agreable & facile le rendit fort eftimable, & luy at-
tira beaucoup d'auditeurs.

Antoine le Comte enfei-
gna le Droit à Bourges. Il
avoit en qualité de Profef-
feur des appointemens confiderables de Marguerite Du-
cheffe de Savoye & de Berri.
Les frequentes difputes qu'il
eut en fait de Doctrine avec
Duarin, Hotoman, & autres
habiles gens, contribuérent
fort à le rendre luy-méme
habile. Il mourut à Bourges,

& fut inhumé auprés de Duarin, afin que s'étant fait mu-
tuellement la guerre pen-
dant qu'ils vivoient, ils re-
posassent ensemble, & fus-
sent en paix du moins aprés
la mort.

Baron ne réüssit pas seulement dans la science du Droit
qu'il professa à Bourges avec
Duarin : mais aussi il posseda
les langues & la Philosophie;
& ils contribuérent l'un &
l'autre à rétablir l'ancienne
Jurisprudence.

Charles du Moulin, ce grand
Iurisconsulte, dont la reputation s'étend par toute l'Europe, étoit leur contemporain. Il a dit avec raison
de luy-même, quoy-qu'un
peu hardiment, qu'il ne le
cedoit à personne, & que,

personne ne pouvoit l'enseigner : à quoy on a répondu, que si ces paroles ne s'étoient trouvées veritables, elles l'auroient fait soupçonner d'égarement d'esprit. En effet, on convient que sa doctrine étoit sans égale, parce qu'il joignoit la theorie & la pratique dans un souverain degré de perfection : & il paroît par ses écrits, qu'avec ce qu'il avoit une fort grande connoissance du Droit Romain , il sçavoit sur tout mieux qu'aucun autre , le Droit François.

Il a fait divers ouvrages, qui mal-heureusement pour le public n'ont pas vû le jour : il n'avoit pas la langue bien libre en parlant, mais il excelloit en particulier &

dans le cabinet. Son empreffement pour l'étude étoit tel,
qu'il declare luy-même qu'ap-
prehendant que la varieté
des emplois n'en interrom-
pît l'ordre, & ne le rendît
moins attaché à ce qu'il faifoit, il avoit refufé une charge
de Confeiller au Parlement
de Paris dans le temps qu'on
les donnoit au merite. Enfin
aprés avoir mené une vie
meflée de gloire & de tra-
verfes en France & en Allemagne, il mourut l'an 1566.

François Connan, qui
fut maître des Requétes,
avoit commencé prefque
dans le même temps, de faire un certain art de Jurif-
prudence, qu'il auroit fans
doute heureufement achevé,
fi une mort trop promte ne

l'eût enlevé au milieu du
cours de ses études.

Mais quelque grande que
puisse être cette perte, Iac-
ques Cujas Thoulousin a de
quoy nous en consoler. Il
avoit tant de disposition aux
lettres humaines, que non
seulement il apprit presque
de luy-méme le Grec & le
Latin : mais s'étant appliqué
à la connoissance du Droit
Romain, il y réüssit si ex-
cellemment, qu'il sembloit
qu'il le possedoit seul,
& que tous les autres a-
vant luy, l'avoient ignoré.
D'abord il enseigna à Thou-
louse : mais l'ingratitude de
cette ville qui luy prefera
dans la demande d'une chaire vacante, un indigne Com-
petiteur luy fit prendre la

penſée de ſe retirer à Cahors, & enſuite à Bourges, pour y faire des leçons publiques ſur l'invitation de Monſieur de l'Hôpital, pour lors Chancelier de Marguerite Ducheſſe de Berry, & depuis Chancelier de France. Il le profeſſa prés de quarante ans, ſoit à Thoulouſe, ſoit à Cahors, ſoit à Bourges, ſoit à Valence, ſoit à Turin, ſoit encore une fois & en dernier lieu à Bourges, où il retourna à l'inſtante priere des Magiſtrats, & où il eut un merveilleux concours d'auditeurs. Car pour marque de ſon merite, ſes diſciples le ſuivoient par tout: & ſa reputation luy en attiroit de toutes parts des lieux les plus éloignez.

Il ne montoit jamais en chaire fans avoir employé fept ou huit heures à preparer le fujet de fes recitations; il ne faifoit jamais aucune réponfe qu'il ne crût infaïllible en Droit : & quand il n'étoit pas affez inftruit de la decifion des queftions qu'on luy propofoit, il demandoit du temps pour y penfer & pour confulter fes livres avant que de fe refoudre.

Il n'étoit pourtant pas tellement enfeveli parmi fes livres qu'il ne fe refervât quelques momens libres, durant lefquels il fe divertiffoit avec fes amis, & alors il oublioit prefque qu'il fût Jurifconfulte; car il remettoit à d'autres heures les matieres de Droit

Droit, souffrant avec peine,
qu'on l'en interrogeât, & il
se plaisoit en ces occasions à
un entretien facile & familier.

Le Pape Gregoire XIII.
luy ayant offert une chaire à
Bologne, avec des appointemens considerables, il ne l'ac-
cepta pas ; & quoy-qu'il pût
en vertu de lettres patentes,
prendre place parmy les Con-
seillers du Parlement de Gre-
noble toutes les fois qu'il
voudroit avec voix delibera-
tive, & en user de même à
Turin avec la permission du
Duc de Savoye, il se préva-
lut rarement de cet honneur:
& il aima mieux s'attacher
uniquement à ses occupations
ordinaires, qu'il ne quitta
qu'avec la vie. Il mourut l'an

1590. tous les ordres de la
ville de Bourges assisterent
en corps à ses obseques , &
le lendemain de sa mort
Monsieur Maréchal Conseiller au Parlement de Paris,
qui avoit été autrefois un de
ses auditeurs , fit publiquement son Oraison funebre.

François Hotoman con-
temporain de Monsieur Cu-
jas étoit fils d'un Conseiller
au Parlement de Paris, & sçavoit fort bien le Droit Romain : il le professa non seulement en France , mais chez
les étrangers : il mourut à
Basle la même année âgé de
soixante & six ans.

Barnabé Brisson se fit aussi
distinguer presque dans le
même temps. Il étoit d'une
famille honnéte de Fonte-

nay en Poitou, & il fe rendit
confiderable par les actions
publiques qu'il fit dés fes
premieres années au Parlement de Paris avec applau-
diffement. Il acquit tant de
reputation & d'honneur dans
cette glorieufe fonction, que
d'Avocat des parties, il devint Avocat General par le
choix d'Henry III. & enfuite Prefident. Ce Monarque
qui difoit qu'il ne croyoit pas
qu'aucun Prince Chrétien
eût dans fes Etats un homme
auffi fçavant que le Prefident
Briffon, l'envoya en An-
gleterre en qualité d'Am-
baffadeur : & voulant faire
un Code de fes Edits & des
autres Rois fes predeceffeurs,
il luy donna la principale
direction de cet important

ouvrage qu'il fit en tres-peu
de temps. Sa mort fut vio-
lente & cruelle malgré l'in-
nocence de sa conduite : &
l'attentat commis en sa personne fut des-avoué & blâ-
mé par les chefs même de la
igu e.

André Tiraqueau prit naif-
sance dans le méme lieu. Il
étoit issu d'une noble famille,
& il sembloit qu'il fût né pour
rendre son nom immortel,
car le grand nombre d'en-
fans qu'il eut & les livres
qu'il composa, furent ses ga-
rants contre l'oubli & la
mort. Quoy - qu'il fût fort
employé dans les affaires du
Palais , il ne laissoit pas de
trouver du temps pour faire
des ouvrages , qui marquent
que sa doctrine étoit solide

& agreable tout ensemble. Il exerça la premiere Magistrature populaire parmy les siens : ensuite il fut fait Conseiller au Parlement de Bordeaux par son merite, & presque en même temps Conseiller au Parlement de Paris ; & par un honneur sans exemple, au rapport de Mornac, il fut d'abord de la Grand'Chambre. Il mourut dans une extréme vieillesse, où l'on croit qu'une tranquillité d'esprit toûjours égale le fit arriver.

René Chopin, qui parut presque en même temps étoit Angevin : il étoit tellement né à la Jurisprudence Romaine, qu'avant qu'il eût dix-sept ans complets il en sçavoit déja beaucoup : il plaida sa premiere cause à la grand'Chambre du Parlement de Paris, & aprés s'étre exercé à parler en public pendant quelques années, il quitta la plaidoyerie, & il s'occupa tout entier à la confultation, & à compofer les excellens livres que nous avons. Henry III. fut si content du Traité que Chopin a fait du domaine de la Couronne que pour le recompenfer de fon travail, il l'ennoblit, & il luy envoya mil écus d'or, pour avoir fait des Commentaires fur la premiere partie de la coûtume d'Anjou. Il avoit beaucoup d'ardeur & d'empreffement pour fes livres, & on remarque qu'il negligeoit le boire & le manger, & qu'il dormoit fort peu, afin de ne gueres dérober de temps à la lecture & à la composition, qui faifoient tout fon plaifir. Il mourut l'an 1606.

Antoine Mornac Avocat au Parlement de Paris, le fuivit de prés, c'étoit l'un des plus excellens Jurifconfultes de fon temps. En effet le Jurifconfulte étant, fuivant la definition qu'en donne Monfieur Cujas, un homme de bien, capable de répondre du Droit, & d'interpreter les Loix & les Coûtumes ; on peut dire qu'il étoit un veritable Jurifconfulte : car il a donné une infinité de preuves de fa probité & de fa doctrine, fur tout en matiere de Iurifprudence.

Mille gens ont été témoins de l'un & de l'autre; souvent plusieurs parties dont les interests étoient opposez, l'ont rendu seul arbitre & juge sans appel de leurs differends, tant on étoit persuadé de son integrité & de sa suffisance. Il plaidoit & il écrivoit avec une telle honnesteté, & il étoit si reservé sur l'invective & sur la censure, qu'il est arrivé plusieurs fois que ceux contre qui il avoit plaidé ou écrit, l'ont remercié de sa moderation. Sa doctrine étoit accompagnée d'une connoissance particuliere des belles Lettres & de la Poësie latine. Il mourut aprés avoir rempli avec honneur la fonction d'Avocat plaidant & consultant, pen-

dant prés de quarante an-
nées avec une affiduité merveilleufe, & fans fe relâcher
un moment.

Ie pourrois faire mention
de plufieurs autres excellens
Iurifconfultes, mais cela iroit
à l'infini, & je n'ay entrepris
de faire qu'une petite Hiftoire. Le Droit des Romains
eft monté par les degrez que
j'ay remarquez, & par les
foins des grands Iurifconfultes dont j'ay parlé, au com-
ble de la gloire où nous le
voyons. Iamais les loix de
quelque nation que ce foit
n'ont été plus en honneur,
& quoy-que la puiffance de
cet illuftre peuple foit depuis long-temps aneantie,
ce Droit regne encore au-

jourd'huy par la force de son équité dans toute l'Europe. Il a toûjours été observé en France où il est dans une singuliere veneration : & comme s'il n'y avoit point d'autre droit considerable que celui-là , on le nomme le Droit par excellence. A dire vray , c'est avec beaucoup de raison : car non feulement il enferme une infinité de decisions particulieres tres-judicieuses, mais encore les plus hautes maximes du Droit naturel & du Droit des gens : de maniere qu'on peut dire que ce grand ouvrage qui est le dernier effort de l'esprit humain, est le Droit civil de toutes les nations bien reglées , & la lumiere qui éclai-

re l'efprit & le bon fens, &
fans laquelle les lumieres na-
turelles ne font dans la plû-
part des affaires que confu-
fion & obfcurité.

F I N.

Extrait du Privilege du Roy.

PAr Grace & Privilege du Roy en
datte du 8. Fevrier 1678. Signé,
IEANNIN, & fcellé du grand Sceau de
cire jaune ; Il eft permis à HELIE
IOSSET, Marchand Libraire à Paris, d'imprimer ou faire imprimer, un
Livre intitulè, *Hiftoire du Droit Ro-*
main, où il eft traité de fon origine, de
fon progrés, de fa decadence, de fon réta-
bliffement, de fa perfection & de fon au-
torité, & par occafion des Vies en abregé
des Jurifconfultes, anciens & modernes,
durant le temps de *fix années*, à com-

pter du jour qu'il sera achevé d'imprimer & mis en vente pour la première fois : Et deffenses sont faites à tous Libraires, Imprimeurs, ou autres personnes de quelque qualité & condition qu'elles soient, de l'imprimer ny faire imprimer, vendre ny distribuer des contrefaits, à peine de quinze cens livres d'amande, confiscation des Exemplaires contrefaits, & de tous dépens, dommages & interests, ainsi qu'il est plus amplement porté par ledit Privilege.

Regiſtré ſur le Livre de la Communauté des Libraires & Imprimeurs de Paris, le 17. Fevrier 1678.

Signé, E. COUTEROT, *Syndic.*

Achevé d'imprimé pour la premiere fois en vertu du present privilege le 20. Mars 1678.

Les Exemplaires ont eſté fournis.